THIS BOOK BELONGS TO:

CONTACT INFORMATION	
NAME	
ADDRESS	
PHONE #	
EMAIL	

Copyright © Teresa Rother
All rights reserved. No part of this publication may be reproduced, distributed, or transmitted in any form or by any means, including photocopy, recording, or other electronic or mechanical methods.

DEDICATION

This Construction Site Log Book is dedicated to all the hard-working contractors and managers who want to keep accurate records and retain information while on job sites.

You are my inspiration for producing this book and I'm honored to be a part of helping you manage and retain important information regarding your construction jobs.

HOW TO USE THIS BOOK

Here are examples of information for you to fill in and write the details for your job sites.

Fill in the following information:

1. Date and Day of the Week
2. Foreman Name and Contact number
3. Visitors- Record Any Visitors for the Day
4. Weather Conditions- Record Time of Day, Temperature, Ground Conditions, Lost Hours Due to Bad Weather
5. Problems/Delays
6. Schedule for the Day- Completion Date, Days Ahead of Schedule, Days Behind Schedule
7. Injuries / Accidents - On The Job, Type Of Injury, Details Of The Injury
8. Safety - Toolbox Topic, Signage Posted, Everyone Wearing PPE, Checklist Complete, and Notes
9. Summary of Work Performed for the Day
10. Name & Signature
11. Employee/Craft- Contracted Hours, Overtime, Subcontractors/Craft Hours Worked
12. Equipment On-Site- Number of Units, Working (yes or no)
13. Materials Delivered- Number of Units, Materials Rented, Date and Rate
14. Space for Notes

DAILY LOG

DATE	/ /		DAY	O MON	O TUE	O WED	O THU	O FRI	O SAT	O SUN

FOREMAN	
CONTRACT #	

VISITORS

WEATHER

AM	PM

TEMPERATURE

AM	PM

GROUND CONDITIONS

HOURS LOST DUE TO BAD WEATHER

PROBLEMS / DELAYS

SCHEDULE

COMPLETION DATE	
DAYS AHEAD OF SCHEDULE	
DAYS BEHIND SCHEDULE	

INJURIES

SAFETY

INJURIES ON THE JOB	O YES O NO	TOOLBOX TOPIC	O YES O NO
IF YES, WAS OSHA NOTIFIED?	O YES O NO	SIGNAGE POSTED	O YES O NO
TYPES OF INJURY	O FIRST AID O HOSPITAL	EVERYONE WEARING PPE	O YES O NO
DETAILS OF INJURY		CHECKLIST COMPLETE	O YES O NO

NOTES

SUMMARY OF WORK PERFORMED TODAY

NAME	SIGNATURE

EMPLOYEE	CRAFT	CONTRACTED HOURS	OVERTIME	SUBCONTRACTORS	CRAFT	HOURS WORKED

EQUIPMENT ON SITE	NUMBER OF UNITS	WORKING	
		YES	NO
		O	O
		O	O
		O	O
		O	O
		O	O
		O	O
		O	O
		O	O

MATERIALS DELIVERED	NO. OF UNITS	MATERIALS RENTED	DATE	RATE

NOTES

DAILY LOG

| DATE | / / | DAY | O MON | O TUE | O WED | O THU | O FRI | O SAT | O SUN |

FOREMAN	
CONTRACT #	

VISITORS

WEATHER

	AM	PM
TEMPERATURE		
	AM	PM
GROUND CONDITIONS		
HOURS LOST DUE TO BAD WEATHER		

PROBLEMS / DELAYS

SCHEDULE

COMPLETION DATE	
DAYS AHEAD OF SCHEDULE	
DAYS BEHIND SCHEDULE	

INJURIES

INJURIES ON THE JOB	O YES O NO
IF YES, WAS OSHA NOTIFIED?	O YES O NO
TYPES OF INJURY	O FIRST AID O HOSPITAL
DETAILS OF INJURY	

SAFETY

TOOLBOX TOPIC	O YES O NO
SIGNAGE POSTED	O YES O NO
EVERYONE WEARING PPE	O YES O NO
CHECKLIST COMPLETE	O YES O NO

NOTES

SUMMARY OF WORK PERFORMED TODAY

NAME	SIGNATURE

EMPLOYEE	CRAFT	CONTRACTED HOURS	OVERTIME	SUBCONTRACTORS	CRAFT	HOURS WORKED

EQUIPMENT ON SITE	NUMBER OF UNITS	WORKING	
		YES	NO
		O	O
		O	O
		O	O
		O	O
		O	O
		O	O
		O	O
		O	O

MATERIALS DELIVERED	NO. OF UNITS	MATERIALS RENTED	DATE	RATE

NOTES

DAILY LOG

DATE	/ /	DAY	O MON	O TUE	O WED	O THU	O FRI	O SAT	O SUN

FOREMAN	
CONTRACT #	

VISITORS	WEATHER	
	AM	PM
	TEMPERATURE	
	AM	PM
	GROUND CONDITIONS	
	HOURS LOST DUE TO BAD WEATHER	

PROBLEMS / DELAYS	SCHEDULE	
	COMPLETION DATE	
	DAYS AHEAD OF SCHEDULE	
	DAYS BEHIND SCHEDULE	

INJURIES		SAFETY	
INJURIES ON THE JOB	O YES O NO	TOOLBOX TOPIC	O YES O NO
IF YES, WAS OSHA NOTIFIED?	O YES O NO	SIGNAGE POSTED	O YES O NO
TYPES OF INJURY	O FIRST AID O HOSPITAL	EVERYONE WEARING PPE	O YES O NO
DETAILS OF INJURY		CHECKLIST COMPLETE	O YES O NO
		NOTES	

SUMMARY OF WORK PERFORMED TODAY

NAME	SIGNATURE

EMPLOYEE	CRAFT	CONTRACTED HOURS	OVERTIME	SUBCONTRACTORS	CRAFT	HOURS WORKED

EQUIPMENT ON SITE	NUMBER OF UNITS	WORKING	
		YES	NO
		O	O
		O	O
		O	O
		O	O
		O	O
		O	O
		O	O
		O	O

MATERIALS DELIVERED	NO. OF UNITS	MATERIALS RENTED	DATE	RATE

NOTES

DAILY LOG

DATE	/ /	DAY	O MON	O TUE	O WED	O THU	O FRI	O SAT	O SUN

FOREMAN	
CONTRACT #	

VISITORS	WEATHER	
	AM	PM
	TEMPERATURE	
	AM	PM
	GROUND CONDITIONS	
	HOURS LOST DUE TO BAD WEATHER	

PROBLEMS / DELAYS	SCHEDULE	
	COMPLETION DATE	
	DAYS AHEAD OF SCHEDULE	
	DAYS BEHIND SCHEDULE	

INJURIES		SAFETY	
INJURIES ON THE JOB	O YES O NO	TOOLBOX TOPIC	O YES O NO
IF YES, WAS OSHA NOTIFIED?	O YES O NO	SIGNAGE POSTED	O YES O NO
TYPES OF INJURY	O FIRST AID O HOSPITAL	EVERYONE WEARING PPE	O YES O NO
DETAILS OF INJURY		CHECKLIST COMPLETE	O YES O NO
		NOTES	

SUMMARY OF WORK PERFORMED TODAY

NAME	SIGNATURE

EMPLOYEE	CRAFT	CONTRACTED HOURS	OVERTIME	SUBCONTRACTORS	CRAFT	HOURS WORKED

EQUIPMENT ON SITE	NUMBER OF UNITS	WORKING	
		YES	NO
		O	O
		O	O
		O	O
		O	O
		O	O
		O	O
		O	O
		O	O

MATERIALS DELIVERED	NO. OF UNITS	MATERIALS RENTED	DATE	RATE

NOTES

DAILY LOG

| DATE | / / | DAY | O MON | O TUE | O WED | O THU | O FRI | O SAT | O SUN |

FOREMAN	
CONTRACT #	

VISITORS

WEATHER

AM	PM

TEMPERATURE

AM	PM

GROUND CONDITIONS

HOURS LOST DUE TO BAD WEATHER

PROBLEMS / DELAYS

SCHEDULE

COMPLETION DATE	
DAYS AHEAD OF SCHEDULE	
DAYS BEHIND SCHEDULE	

INJURIES

SAFETY

INJURIES ON THE JOB	O YES O NO	TOOLBOX TOPIC	O YES O NO
IF YES, WAS OSHA NOTIFIED?	O YES O NO	SIGNAGE POSTED	O YES O NO
TYPES OF INJURY	O FIRST AID O HOSPITAL	EVERYONE WEARING PPE	O YES O NO
DETAILS OF INJURY		CHECKLIST COMPLETE	O YES O NO

NOTES

SUMMARY OF WORK PERFORMED TODAY

NAME	SIGNATURE

EMPLOYEE	CRAFT	CONTRACTED HOURS	OVERTIME	SUBCONTRACTORS	CRAFT	HOURS WORKED

EQUIPMENT ON SITE	NUMBER OF UNITS	WORKING	
		YES	NO
		O	O
		O	O
		O	O
		O	O
		O	O
		O	O
		O	O
		O	O

MATERIALS DELIVERED	NO. OF UNITS	MATERIALS RENTED	DATE	RATE

NOTES

DAILY LOG

DATE	/ /	DAY	O MON	O TUE	O WED	O THU	O FRI	O SAT	O SUN

FOREMAN	
CONTRACT #	

VISITORS

WEATHER

	AM	PM
TEMPERATURE		
	AM	PM
GROUND CONDITIONS		
HOURS LOST DUE TO BAD WEATHER		

PROBLEMS / DELAYS

SCHEDULE

COMPLETION DATE	
DAYS AHEAD OF SCHEDULE	
DAYS BEHIND SCHEDULE	

INJURIES

SAFETY

INJURIES ON THE JOB	O YES O NO	TOOLBOX TOPIC	O YES O NO
IF YES, WAS OSHA NOTIFIED?	O YES O NO	SIGNAGE POSTED	O YES O NO
TYPES OF INJURY	O FIRST AID O HOSPITAL	EVERYONE WEARING PPE	O YES O NO
DETAILS OF INJURY		CHECKLIST COMPLETE	O YES O NO

NOTES

SUMMARY OF WORK PERFORMED TODAY

NAME	SIGNATURE

EMPLOYEE	CRAFT	CONTRACTED HOURS	OVERTIME	SUBCONTRACTORS	CRAFT	HOURS WORKED

EQUIPMENT ON SITE	NUMBER OF UNITS	WORKING	
		YES	NO
		O	O
		O	O
		O	O
		O	O
		O	O
		O	O
		O	O
		O	O

MATERIALS DELIVERED	NO. OF UNITS	MATERIALS RENTED	DATE	RATE

NOTES

DAILY LOG

DATE	/ /	DAY	O MON	O TUE	O WED	O THU	O FRI	O SAT	O SUN

FOREMAN	
CONTRACT #	

VISITORS

WEATHER

	AM	PM
TEMPERATURE		
	AM	PM
GROUND CONDITIONS		
HOURS LOST DUE TO BAD WEATHER		

PROBLEMS / DELAYS

SCHEDULE

COMPLETION DATE	
DAYS AHEAD OF SCHEDULE	
DAYS BEHIND SCHEDULE	

INJURIES

INJURIES ON THE JOB	O YES O NO
IF YES, WAS OSHA NOTIFIED?	O YES O NO
TYPES OF INJURY	O FIRST AID O HOSPITAL
DETAILS OF INJURY	

SAFETY

TOOLBOX TOPIC	O YES O NO
SIGNAGE POSTED	O YES O NO
EVERYONE WEARING PPE	O YES O NO
CHECKLIST COMPLETE	O YES O NO

NOTES

SUMMARY OF WORK PERFORMED TODAY

NAME	SIGNATURE

EMPLOYEE	CRAFT	CONTRACTED HOURS	OVERTIME	SUBCONTRACTORS	CRAFT	HOURS WORKED

EQUIPMENT ON SITE	NUMBER OF UNITS	WORKING	
		YES	NO
		O	O
		O	O
		O	O
		O	O
		O	O
		O	O
		O	O
		O	O

MATERIALS DELIVERED	NO. OF UNITS	MATERIALS RENTED	DATE	RATE

NOTES

DAILY LOG

DATE	/ /		DAY	O MON	O TUE	O WED	O THU	O FRI	O SAT	O SUN

FOREMAN	
CONTRACT #	

VISITORS	WEATHER	
	AM	PM
	TEMPERATURE	
	AM	PM
	GROUND CONDITIONS	
	HOURS LOST DUE TO BAD WEATHER	

PROBLEMS / DELAYS	SCHEDULE	
	COMPLETION DATE	
	DAYS AHEAD OF SCHEDULE	
	DAYS BEHIND SCHEDULE	

INJURIES		SAFETY	
INJURIES ON THE JOB	O YES O NO	TOOLBOX TOPIC	O YES O NO
IF YES, WAS OSHA NOTIFIED?	O YES O NO	SIGNAGE POSTED	O YES O NO
TYPES OF INJURY	O FIRST AID O HOSPITAL	EVERYONE WEARING PPE	O YES O NO
DETAILS OF INJURY		CHECKLIST COMPLETE	O YES O NO
		NOTES	

SUMMARY OF WORK PERFORMED TODAY

NAME	SIGNATURE

EMPLOYEE	CRAFT	CONTRACTED HOURS	OVERTIME	SUBCONTRACTORS	CRAFT	HOURS WORKED

EQUIPMENT ON SITE	NUMBER OF UNITS	WORKING	
		YES	NO
		O	O
		O	O
		O	O
		O	O
		O	O
		O	O
		O	O
		O	O

MATERIALS DELIVERED	NO. OF UNITS	MATERIALS RENTED	DATE	RATE

NOTES

DAILY LOG

DATE	/ /	DAY	O MON	O TUE	O WED	O THU	O FRI	O SAT	O SUN

FOREMAN	
CONTRACT #	

VISITORS / WEATHER

VISITORS	WEATHER	
	AM	PM
	TEMPERATURE	
	AM	PM
	GROUND CONDITIONS	
	HOURS LOST DUE TO BAD WEATHER	

PROBLEMS / DELAYS — SCHEDULE

PROBLEMS / DELAYS	SCHEDULE	
	COMPLETION DATE	
	DAYS AHEAD OF SCHEDULE	
	DAYS BEHIND SCHEDULE	

INJURIES / SAFETY

INJURIES		SAFETY	
INJURIES ON THE JOB	O YES O NO	TOOLBOX TOPIC	O YES O NO
IF YES, WAS OSHA NOTIFIED?	O YES O NO	SIGNAGE POSTED	O YES O NO
TYPES OF INJURY	O FIRST AID O HOSPITAL	EVERYONE WEARING PPE	O YES O NO
DETAILS OF INJURY		CHECKLIST COMPLETE	O YES O NO

NOTES

SUMMARY OF WORK PERFORMED TODAY

NAME	SIGNATURE

EMPLOYEE	CRAFT	CONTRACTED HOURS	OVERTIME	SUBCONTRACTORS	CRAFT	HOURS WORKED

EQUIPMENT ON SITE	NUMBER OF UNITS	WORKING	
		YES	NO
		O	O
		O	O
		O	O
		O	O
		O	O
		O	O
		O	O
		O	O

MATERIALS DELIVERED	NO. OF UNITS	MATERIALS RENTED	DATE	RATE

NOTES

DAILY LOG

| DATE | / / | DAY | O MON | O TUE | O WED | O THU | O FRI | O SAT | O SUN |

FOREMAN	
CONTRACT #	

VISITORS

WEATHER

AM	PM

TEMPERATURE

AM	PM

GROUND CONDITIONS

HOURS LOST DUE TO BAD WEATHER

PROBLEMS / DELAYS

SCHEDULE

COMPLETION DATE	
DAYS AHEAD OF SCHEDULE	
DAYS BEHIND SCHEDULE	

INJURIES

INJURIES ON THE JOB	O YES O NO
IF YES, WAS OSHA NOTIFIED?	O YES O NO
TYPES OF INJURY	O FIRST AID O HOSPITAL
DETAILS OF INJURY	

SAFETY

TOOLBOX TOPIC	O YES O NO
SIGNAGE POSTED	O YES O NO
EVERYONE WEARING PPE	O YES O NO
CHECKLIST COMPLETE	O YES O NO

NOTES

SUMMARY OF WORK PERFORMED TODAY

NAME	SIGNATURE

EMPLOYEE	CRAFT	CONTRACTED HOURS	OVERTIME	SUBCONTRACTORS	CRAFT	HOURS WORKED

EQUIPMENT ON SITE	NUMBER OF UNITS	WORKING	
		YES	NO
		O	O
		O	O
		O	O
		O	O
		O	O
		O	O
		O	O
		O	O

MATERIALS DELIVERED	NO. OF UNITS	MATERIALS RENTED	DATE	RATE

NOTES

DAILY LOG

DATE	/ /		DAY	O MON	O TUE	O WED	O THU	O FRI	O SAT	O SUN

FOREMAN	
CONTRACT #	

VISITORS

WEATHER

	AM	PM
TEMPERATURE		
	AM	PM
GROUND CONDITIONS		
HOURS LOST DUE TO BAD WEATHER		

PROBLEMS / DELAYS

SCHEDULE

COMPLETION DATE	
DAYS AHEAD OF SCHEDULE	
DAYS BEHIND SCHEDULE	

INJURIES

SAFETY

INJURIES ON THE JOB	O YES O NO	TOOLBOX TOPIC	O YES O NO
IF YES, WAS OSHA NOTIFIED?	O YES O NO	SIGNAGE POSTED	O YES O NO
TYPES OF INJURY	O FIRST AID O HOSPITAL	EVERYONE WEARING PPE	O YES O NO
DETAILS OF INJURY		CHECKLIST COMPLETE	O YES O NO

NOTES

SUMMARY OF WORK PERFORMED TODAY

NAME	SIGNATURE

EMPLOYEE	CRAFT	CONTRACTED HOURS	OVERTIME	SUBCONTRACTORS	CRAFT	HOURS WORKED

EQUIPMENT ON SITE	NUMBER OF UNITS	WORKING	
		YES	NO
		○	○
		○	○
		○	○
		○	○
		○	○
		○	○
		○	○
		○	○

MATERIALS DELIVERED	NO. OF UNITS	MATERIALS RENTED	DATE	RATE

NOTES

DAILY LOG

DATE	/ /	DAY	O MON	O TUE	O WED	O THU	O FRI	O SAT	O SUN

FOREMAN	
CONTRACT #	

VISITORS / WEATHER

VISITORS	WEATHER	
	AM	PM
	TEMPERATURE	
	AM	PM
	GROUND CONDITIONS	
	HOURS LOST DUE TO BAD WEATHER	

PROBLEMS / DELAYS — SCHEDULE

PROBLEMS / DELAYS	SCHEDULE	
	COMPLETION DATE	
	DAYS AHEAD OF SCHEDULE	
	DAYS BEHIND SCHEDULE	

INJURIES / SAFETY

INJURIES		SAFETY	
INJURIES ON THE JOB	O YES O NO	TOOLBOX TOPIC	O YES O NO
IF YES, WAS OSHA NOTIFIED?	O YES O NO	SIGNAGE POSTED	O YES O NO
TYPES OF INJURY	O FIRST AID O HOSPITAL	EVERYONE WEARING PPE	O YES O NO
DETAILS OF INJURY		CHECKLIST COMPLETE	O YES O NO
		NOTES	

SUMMARY OF WORK PERFORMED TODAY

NAME	SIGNATURE

EMPLOYEE	CRAFT	CONTRACTED HOURS	OVERTIME	SUBCONTRACTORS	CRAFT	HOURS WORKED

EQUIPMENT ON SITE	NUMBER OF UNITS	WORKING	
		YES	NO
		O	O
		O	O
		O	O
		O	O
		O	O
		O	O
		O	O
		O	O

MATERIALS DELIVERED	NO. OF UNITS	MATERIALS RENTED	DATE	RATE

NOTES

DAILY LOG

DATE	/ /	DAY	O MON	O TUE	O WED	O THU	O FRI	O SAT	O SUN

FOREMAN	
CONTRACT #	

VISITORS	WEATHER	
	AM	PM
	TEMPERATURE	
	AM	PM
	GROUND CONDITIONS	
	HOURS LOST DUE TO BAD WEATHER	

PROBLEMS / DELAYS	SCHEDULE	
	COMPLETION DATE	
	DAYS AHEAD OF SCHEDULE	
	DAYS BEHIND SCHEDULE	

INJURIES		SAFETY	
INJURIES ON THE JOB	O YES O NO	TOOLBOX TOPIC	O YES O NO
IF YES, WAS OSHA NOTIFIED?	O YES O NO	SIGNAGE POSTED	O YES O NO
TYPES OF INJURY	O FIRST AID O HOSPITAL	EVERYONE WEARING PPE	O YES O NO
DETAILS OF INJURY		CHECKLIST COMPLETE	O YES O NO
		NOTES	

SUMMARY OF WORK PERFORMED TODAY

NAME	SIGNATURE

EMPLOYEE	CRAFT	CONTRACTED HOURS	OVERTIME	SUBCONTRACTORS	CRAFT	HOURS WORKED

EQUIPMENT ON SITE	NUMBER OF UNITS	WORKING	
		YES	NO
		O	O
		O	O
		O	O
		O	O
		O	O
		O	O
		O	O
		O	O

MATERIALS DELIVERED	NO. OF UNITS	MATERIALS RENTED	DATE	RATE

NOTES

DAILY LOG

DATE	/ /	DAY	O MON	O TUE	O WED	O THU	O FRI	O SAT	O SUN

FOREMAN	
CONTRACT #	

VISITORS

WEATHER

	AM		PM	

TEMPERATURE

AM		PM	

GROUND CONDITIONS

HOURS LOST DUE TO BAD WEATHER

PROBLEMS / DELAYS

SCHEDULE

COMPLETION DATE	
DAYS AHEAD OF SCHEDULE	
DAYS BEHIND SCHEDULE	

INJURIES

SAFETY

INJURIES ON THE JOB	O YES O NO	TOOLBOX TOPIC	O YES O NO
IF YES, WAS OSHA NOTIFIED?	O YES O NO	SIGNAGE POSTED	O YES O NO
TYPES OF INJURY	O FIRST AID O HOSPITAL	EVERYONE WEARING PPE	O YES O NO
DETAILS OF INJURY		CHECKLIST COMPLETE	O YES O NO

NOTES

SUMMARY OF WORK PERFORMED TODAY

NAME	SIGNATURE

EMPLOYEE	CRAFT	CONTRACTED HOURS	OVERTIME	SUBCONTRACTORS	CRAFT	HOURS WORKED

EQUIPMENT ON SITE	NUMBER OF UNITS	WORKING	
		YES	NO
		O	O
		O	O
		O	O
		O	O
		O	O
		O	O
		O	O
		O	O

MATERIALS DELIVERED	NO. OF UNITS	MATERIALS RENTED	DATE	RATE

NOTES

DAILY LOG

DATE	/ /	DAY	O MON	O TUE	O WED	O THU	O FRI	O SAT	O SUN

FOREMAN	
CONTRACT #	

VISITORS / WEATHER

VISITORS	WEATHER	
	AM	PM
	TEMPERATURE	
	AM	PM
	GROUND CONDITIONS	
	HOURS LOST DUE TO BAD WEATHER	

PROBLEMS / DELAYS / SCHEDULE

PROBLEMS / DELAYS	SCHEDULE	
	COMPLETION DATE	
	DAYS AHEAD OF SCHEDULE	
	DAYS BEHIND SCHEDULE	

INJURIES / SAFETY

INJURIES		SAFETY	
INJURIES ON THE JOB	O YES O NO	TOOLBOX TOPIC	O YES O NO
IF YES, WAS OSHA NOTIFIED?	O YES O NO	SIGNAGE POSTED	O YES O NO
TYPES OF INJURY	O FIRST AID O HOSPITAL	EVERYONE WEARING PPE	O YES O NO
DETAILS OF INJURY		CHECKLIST COMPLETE	O YES O NO
		NOTES	

SUMMARY OF WORK PERFORMED TODAY

NAME	SIGNATURE

EMPLOYEE	CRAFT	CONTRACTED HOURS	OVERTIME	SUBCONTRACTORS	CRAFT	HOURS WORKED

EQUIPMENT ON SITE	NUMBER OF UNITS	WORKING	
		YES	NO
		O	O
		O	O
		O	O
		O	O
		O	O
		O	O
		O	O
		O	O

MATERIALS DELIVERED	NO. OF UNITS	MATERIALS RENTED	DATE	RATE

NOTES

DAILY LOG

DATE	/ /	DAY	O MON	O TUE	O WED	O THU	O FRI	O SAT	O SUN

FOREMAN	
CONTRACT #	

VISITORS		WEATHER	
		AM	PM
		TEMPERATURE	
		AM	PM
		GROUND CONDITIONS	
		HOURS LOST DUE TO BAD WEATHER	

PROBLEMS / DELAYS		SCHEDULE	
		COMPLETION DATE	
		DAYS AHEAD OF SCHEDULE	
		DAYS BEHIND SCHEDULE	

INJURIES		SAFETY	
INJURIES ON THE JOB	O YES O NO	TOOLBOX TOPIC	O YES O NO
IF YES, WAS OSHA NOTIFIED?	O YES O NO	SIGNAGE POSTED	O YES O NO
TYPES OF INJURY	O FIRST AID O HOSPITAL	EVERYONE WEARING PPE	O YES O NO
DETAILS OF INJURY		CHECKLIST COMPLETE	O YES O NO
		NOTES	

SUMMARY OF WORK PERFORMED TODAY

NAME	SIGNATURE

EMPLOYEE	CRAFT	CONTRACTED HOURS	OVERTIME	SUBCONTRACTORS	CRAFT	HOURS WORKED

EQUIPMENT ON SITE	NUMBER OF UNITS	WORKING	
		YES	NO
		O	O
		O	O
		O	O
		O	O
		O	O
		O	O
		O	O
		O	O

MATERIALS DELIVERED	NO. OF UNITS	MATERIALS RENTED	DATE	RATE

NOTES

DAILY LOG

DATE	/ /	DAY	O MON	O TUE	O WED	O THU	O FRI	O SAT	O SUN

FOREMAN	
CONTRACT #	

VISITORS	WEATHER	
	AM	PM
	TEMPERATURE	
	AM	PM
	GROUND CONDITIONS	
	HOURS LOST DUE TO BAD WEATHER	

PROBLEMS / DELAYS	SCHEDULE	
	COMPLETION DATE	
	DAYS AHEAD OF SCHEDULE	
	DAYS BEHIND SCHEDULE	

INJURIES		SAFETY	
INJURIES ON THE JOB	O YES O NO	TOOLBOX TOPIC	O YES O NO
IF YES, WAS OSHA NOTIFIED?	O YES O NO	SIGNAGE POSTED	O YES O NO
TYPES OF INJURY	O FIRST AID O HOSPITAL	EVERYONE WEARING PPE	O YES O NO
DETAILS OF INJURY		CHECKLIST COMPLETE	O YES O NO
		NOTES	

SUMMARY OF WORK PERFORMED TODAY

NAME	SIGNATURE

EMPLOYEE	CRAFT	CONTRACTED HOURS	OVERTIME	SUBCONTRACTORS	CRAFT	HOURS WORKED

EQUIPMENT ON SITE	NUMBER OF UNITS	WORKING	
		YES	NO
		O	O
		O	O
		O	O
		O	O
		O	O
		O	O
		O	O
		O	O

MATERIALS DELIVERED	NO. OF UNITS	MATERIALS RENTED	DATE	RATE

NOTES

DAILY LOG

| DATE | / / | DAY | O MON | O TUE | O WED | O THU | O FRI | O SAT | O SUN |

FOREMAN	
CONTRACT #	

VISITORS

WEATHER

AM	PM

TEMPERATURE

AM	PM

GROUND CONDITIONS

HOURS LOST DUE TO BAD WEATHER

PROBLEMS / DELAYS

SCHEDULE

COMPLETION DATE	
DAYS AHEAD OF SCHEDULE	
DAYS BEHIND SCHEDULE	

INJURIES

SAFETY

INJURIES ON THE JOB	O YES O NO	TOOLBOX TOPIC	O YES O NO
IF YES, WAS OSHA NOTIFIED?	O YES O NO	SIGNAGE POSTED	O YES O NO
TYPES OF INJURY	O FIRST AID O HOSPITAL	EVERYONE WEARING PPE	O YES O NO
DETAILS OF INJURY		CHECKLIST COMPLETE	O YES O NO

NOTES

SUMMARY OF WORK PERFORMED TODAY

NAME	SIGNATURE

EMPLOYEE	CRAFT	CONTRACTED HOURS	OVERTIME	SUBCONTRACTORS	CRAFT	HOURS WORKED

EQUIPMENT ON SITE	NUMBER OF UNITS	WORKING	
		YES	NO
		○	○
		○	○
		○	○
		○	○
		○	○
		○	○
		○	○
		○	○

MATERIALS DELIVERED	NO. OF UNITS	MATERIALS RENTED	DATE	RATE

NOTES

DAILY LOG

DATE	/ /		DAY	O MON	O TUE	O WED	O THU	O FRI	O SAT	O SUN

FOREMAN	
CONTRACT #	

VISITORS	WEATHER	
	AM	PM
	TEMPERATURE	
	AM	PM
	GROUND CONDITIONS	
	HOURS LOST DUE TO BAD WEATHER	

PROBLEMS / DELAYS	SCHEDULE	
	COMPLETION DATE	
	DAYS AHEAD OF SCHEDULE	
	DAYS BEHIND SCHEDULE	

INJURIES		SAFETY	
INJURIES ON THE JOB	O YES O NO	TOOLBOX TOPIC	O YES O NO
IF YES, WAS OSHA NOTIFIED?	O YES O NO	SIGNAGE POSTED	O YES O NO
TYPES OF INJURY	O FIRST AID O HOSPITAL	EVERYONE WEARING PPE	O YES O NO
DETAILS OF INJURY		CHECKLIST COMPLETE	O YES O NO
		NOTES	

SUMMARY OF WORK PERFORMED TODAY

NAME	SIGNATURE

EMPLOYEE	CRAFT	CONTRACTED HOURS	OVERTIME	SUBCONTRACTORS	CRAFT	HOURS WORKED

EQUIPMENT ON SITE	NUMBER OF UNITS	WORKING	
		YES	NO
		O	O
		O	O
		O	O
		O	O
		O	O
		O	O
		O	O
		O	O

MATERIALS DELIVERED	NO. OF UNITS	MATERIALS RENTED	DATE	RATE

NOTES

DAILY LOG

DATE	/ /	DAY	O MON	O TUE	O WED	O THU	O FRI	O SAT	O SUN

FOREMAN	
CONTRACT #	

VISITORS

WEATHER

	AM		PM	
TEMPERATURE				
	AM		PM	
GROUND CONDITIONS				
HOURS LOST DUE TO BAD WEATHER				

PROBLEMS / DELAYS

SCHEDULE

COMPLETION DATE	
DAYS AHEAD OF SCHEDULE	
DAYS BEHIND SCHEDULE	

INJURIES

SAFETY

INJURIES ON THE JOB	O YES O NO	TOOLBOX TOPIC	O YES O NO
IF YES, WAS OSHA NOTIFIED?	O YES O NO	SIGNAGE POSTED	O YES O NO
TYPES OF INJURY	O FIRST AID O HOSPITAL	EVERYONE WEARING PPE	O YES O NO
DETAILS OF INJURY		CHECKLIST COMPLETE	O YES O NO

NOTES

SUMMARY OF WORK PERFORMED TODAY

NAME	SIGNATURE

EMPLOYEE	CRAFT	CONTRACTED HOURS	OVERTIME	SUBCONTRACTORS	CRAFT	HOURS WORKED

EQUIPMENT ON SITE	NUMBER OF UNITS	WORKING	
		YES	NO
		O	O
		O	O
		O	O
		O	O
		O	O
		O	O
		O	O
		O	O

MATERIALS DELIVERED	NO. OF UNITS	MATERIALS RENTED	DATE	RATE

NOTES

DAILY LOG

DATE	/ /	DAY	O MON	O TUE	O WED	O THU	O FRI	O SAT	O SUN

FOREMAN	
CONTRACT #	

VISITORS		WEATHER	
		AM	PM
		TEMPERATURE	
		AM	PM
		GROUND CONDITIONS	
		HOURS LOST DUE TO BAD WEATHER	

PROBLEMS / DELAYS		SCHEDULE	
		COMPLETION DATE	
		DAYS AHEAD OF SCHEDULE	
		DAYS BEHIND SCHEDULE	

INJURIES		SAFETY	
INJURIES ON THE JOB	O YES O NO	TOOLBOX TOPIC	O YES O NO
IF YES, WAS OSHA NOTIFIED?	O YES O NO	SIGNAGE POSTED	O YES O NO
TYPES OF INJURY	O FIRST AID O HOSPITAL	EVERYONE WEARING PPE	O YES O NO
DETAILS OF INJURY		CHECKLIST COMPLETE	O YES O NO
		NOTES	

SUMMARY OF WORK PERFORMED TODAY

NAME	SIGNATURE

EMPLOYEE	CRAFT	CONTRACTED HOURS	OVERTIME	SUBCONTRACTORS	CRAFT	HOURS WORKED

EQUIPMENT ON SITE	NUMBER OF UNITS	WORKING	
		YES	NO
		O	O
		O	O
		O	O
		O	O
		O	O
		O	O
		O	O
		O	O

MATERIALS DELIVERED	NO. OF UNITS	MATERIALS RENTED	DATE	RATE

NOTES

DAILY LOG

| DATE | / / | DAY | O MON | O TUE | O WED | O THU | O FRI | O SAT | O SUN |

FOREMAN	
CONTRACT #	

VISITORS

WEATHER

AM	PM
TEMPERATURE	
AM	PM
GROUND CONDITIONS	
HOURS LOST DUE TO BAD WEATHER	

PROBLEMS / DELAYS

SCHEDULE

COMPLETION DATE	
DAYS AHEAD OF SCHEDULE	
DAYS BEHIND SCHEDULE	

INJURIES

SAFETY

INJURIES ON THE JOB	O YES O NO	TOOLBOX TOPIC	O YES O NO
IF YES, WAS OSHA NOTIFIED?	O YES O NO	SIGNAGE POSTED	O YES O NO
TYPES OF INJURY	O FIRST AID O HOSPITAL	EVERYONE WEARING PPE	O YES O NO
DETAILS OF INJURY		CHECKLIST COMPLETE	O YES O NO

NOTES

SUMMARY OF WORK PERFORMED TODAY

NAME	SIGNATURE

EMPLOYEE	CRAFT	CONTRACTED HOURS	OVERTIME	SUBCONTRACTORS	CRAFT	HOURS WORKED

EQUIPMENT ON SITE	NUMBER OF UNITS	WORKING	
		YES	NO
		O	O
		O	O
		O	O
		O	O
		O	O
		O	O
		O	O
		O	O

MATERIALS DELIVERED	NO. OF UNITS	MATERIALS RENTED	DATE	RATE

NOTES

DAILY LOG

DATE	/ /	DAY	O MON	O TUE	O WED	O THU	O FRI	O SAT	O SUN

FOREMAN	
CONTRACT #	

VISITORS

WEATHER

	AM	PM
TEMPERATURE		
	AM	PM
GROUND CONDITIONS		
HOURS LOST DUE TO BAD WEATHER		

PROBLEMS / DELAYS

SCHEDULE

COMPLETION DATE	
DAYS AHEAD OF SCHEDULE	
DAYS BEHIND SCHEDULE	

INJURIES

INJURIES ON THE JOB	O YES O NO
IF YES, WAS OSHA NOTIFIED?	O YES O NO
TYPES OF INJURY	O FIRST AID O HOSPITAL
DETAILS OF INJURY	

SAFETY

TOOLBOX TOPIC	O YES O NO
SIGNAGE POSTED	O YES O NO
EVERYONE WEARING PPE	O YES O NO
CHECKLIST COMPLETE	O YES O NO

NOTES

SUMMARY OF WORK PERFORMED TODAY

NAME	SIGNATURE

EMPLOYEE	CRAFT	CONTRACTED HOURS	OVERTIME	SUBCONTRACTORS	CRAFT	HOURS WORKED

EQUIPMENT ON SITE	NUMBER OF UNITS	WORKING	
		YES	NO
		O	O
		O	O
		O	O
		O	O
		O	O
		O	O
		O	O
		O	O

MATERIALS DELIVERED	NO. OF UNITS	MATERIALS RENTED	DATE	RATE

NOTES

DAILY LOG

DATE	/ /	DAY	O MON	O TUE	O WED	O THU	O FRI	O SAT	O SUN

FOREMAN	
CONTRACT #	

VISITORS

WEATHER

	AM		PM	
	TEMPERATURE			
	AM		PM	
	GROUND CONDITIONS			
	HOURS LOST DUE TO BAD WEATHER			

PROBLEMS / DELAYS

SCHEDULE

COMPLETION DATE	
DAYS AHEAD OF SCHEDULE	
DAYS BEHIND SCHEDULE	

INJURIES

SAFETY

INJURIES ON THE JOB	O YES O NO	TOOLBOX TOPIC	O YES O NO
IF YES, WAS OSHA NOTIFIED?	O YES O NO	SIGNAGE POSTED	O YES O NO
TYPES OF INJURY	O FIRST AID O HOSPITAL	EVERYONE WEARING PPE	O YES O NO
DETAILS OF INJURY		CHECKLIST COMPLETE	O YES O NO

NOTES

SUMMARY OF WORK PERFORMED TODAY

NAME	SIGNATURE

EMPLOYEE	CRAFT	CONTRACTED HOURS	OVERTIME	SUBCONTRACTORS	CRAFT	HOURS WORKED

EQUIPMENT ON SITE	NUMBER OF UNITS	WORKING	
		YES	NO
		O	O
		O	O
		O	O
		O	O
		O	O
		O	O
		O	O
		O	O

MATERIALS DELIVERED	NO. OF UNITS	MATERIALS RENTED	DATE	RATE

NOTES

DAILY LOG

DATE	/ /	DAY	O MON	O TUE	O WED	O THU	O FRI	O SAT	O SUN

FOREMAN	
CONTRACT #	

VISITORS	WEATHER	
	AM	PM
	TEMPERATURE	
	AM	PM
	GROUND CONDITIONS	
	HOURS LOST DUE TO BAD WEATHER	

PROBLEMS / DELAYS	SCHEDULE	
	COMPLETION DATE	
	DAYS AHEAD OF SCHEDULE	
	DAYS BEHIND SCHEDULE	

INJURIES		SAFETY	
INJURIES ON THE JOB	O YES O NO	TOOLBOX TOPIC	O YES O NO
IF YES, WAS OSHA NOTIFIED?	O YES O NO	SIGNAGE POSTED	O YES O NO
TYPES OF INJURY	O FIRST AID O HOSPITAL	EVERYONE WEARING PPE	O YES O NO
DETAILS OF INJURY		CHECKLIST COMPLETE	O YES O NO
		NOTES	

SUMMARY OF WORK PERFORMED TODAY

NAME	SIGNATURE

EMPLOYEE	CRAFT	CONTRACTED HOURS	OVERTIME	SUBCONTRACTORS	CRAFT	HOURS WORKED

EQUIPMENT ON SITE	NUMBER OF UNITS	WORKING	
		YES	NO
		O	O
		O	O
		O	O
		O	O
		O	O
		O	O
		O	O
		O	O

MATERIALS DELIVERED	NO. OF UNITS	MATERIALS RENTED	DATE	RATE

NOTES

DAILY LOG

DATE	/ /	DAY	O MON	O TUE	O WED	O THU	O FRI	O SAT	O SUN

FOREMAN	
CONTRACT #	

VISITORS

WEATHER

	AM	PM
TEMPERATURE		
	AM	PM
GROUND CONDITIONS		
HOURS LOST DUE TO BAD WEATHER		

PROBLEMS / DELAYS

SCHEDULE

COMPLETION DATE	
DAYS AHEAD OF SCHEDULE	
DAYS BEHIND SCHEDULE	

INJURIES

SAFETY

INJURIES ON THE JOB	O YES O NO	TOOLBOX TOPIC	O YES O NO
IF YES, WAS OSHA NOTIFIED?	O YES O NO	SIGNAGE POSTED	O YES O NO
TYPES OF INJURY	O FIRST AID O HOSPITAL	EVERYONE WEARING PPE	O YES O NO
DETAILS OF INJURY		CHECKLIST COMPLETE	O YES O NO

NOTES

SUMMARY OF WORK PERFORMED TODAY

NAME	SIGNATURE

EMPLOYEE	CRAFT	CONTRACTED HOURS	OVERTIME	SUBCONTRACTORS	CRAFT	HOURS WORKED

EQUIPMENT ON SITE	NUMBER OF UNITS	WORKING	
		YES	NO
		O	O
		O	O
		O	O
		O	O
		O	O
		O	O
		O	O
		O	O

MATERIALS DELIVERED	NO. OF UNITS	MATERIALS RENTED	DATE	RATE

NOTES

DAILY LOG

| DATE | / / | DAY | O MON | O TUE | O WED | O THU | O FRI | O SAT | O SUN |

FOREMAN	
CONTRACT #	

VISITORS	WEATHER	
	AM	PM
	TEMPERATURE	
	AM	PM
	GROUND CONDITIONS	
	HOURS LOST DUE TO BAD WEATHER	

PROBLEMS / DELAYS	SCHEDULE	
	COMPLETION DATE	
	DAYS AHEAD OF SCHEDULE	
	DAYS BEHIND SCHEDULE	

INJURIES		SAFETY	
INJURIES ON THE JOB	O YES O NO	TOOLBOX TOPIC	O YES O NO
IF YES, WAS OSHA NOTIFIED?	O YES O NO	SIGNAGE POSTED	O YES O NO
TYPES OF INJURY	O FIRST AID O HOSPITAL	EVERYONE WEARING PPE	O YES O NO
DETAILS OF INJURY		CHECKLIST COMPLETE	O YES O NO
		NOTES	

SUMMARY OF WORK PERFORMED TODAY

NAME	SIGNATURE

EMPLOYEE	CRAFT	CONTRACTED HOURS	OVERTIME	SUBCONTRACTORS	CRAFT	HOURS WORKED

EQUIPMENT ON SITE	NUMBER OF UNITS	WORKING	
		YES	NO
		O	O
		O	O
		O	O
		O	O
		O	O
		O	O
		O	O
		O	O

MATERIALS DELIVERED	NO. OF UNITS	MATERIALS RENTED	DATE	RATE

NOTES

DAILY LOG

DATE	/ /	DAY	O MON	O TUE	O WED	O THU	O FRI	O SAT	O SUN

FOREMAN	
CONTRACT #	

VISITORS / WEATHER

VISITORS	WEATHER	
	AM	PM
	TEMPERATURE	
	AM	PM
	GROUND CONDITIONS	
	HOURS LOST DUE TO BAD WEATHER	

PROBLEMS / DELAYS — SCHEDULE

PROBLEMS / DELAYS	SCHEDULE	
	COMPLETION DATE	
	DAYS AHEAD OF SCHEDULE	
	DAYS BEHIND SCHEDULE	

INJURIES / SAFETY

INJURIES		SAFETY	
INJURIES ON THE JOB	O YES O NO	TOOLBOX TOPIC	O YES O NO
IF YES, WAS OSHA NOTIFIED?	O YES O NO	SIGNAGE POSTED	O YES O NO
TYPES OF INJURY	O FIRST AID O HOSPITAL	EVERYONE WEARING PPE	O YES O NO
DETAILS OF INJURY		CHECKLIST COMPLETE	O YES O NO
		NOTES	

SUMMARY OF WORK PERFORMED TODAY

NAME	SIGNATURE

EMPLOYEE	CRAFT	CONTRACTED HOURS	OVERTIME	SUBCONTRACTORS	CRAFT	HOURS WORKED

EQUIPMENT ON SITE	NUMBER OF UNITS	WORKING	
		YES	NO
		O	O
		O	O
		O	O
		O	O
		O	O
		O	O
		O	O
		O	O

MATERIALS DELIVERED	NO. OF UNITS	MATERIALS RENTED	DATE	RATE

NOTES

DAILY LOG

DATE	/ /	DAY	O MON	O TUE	O WED	O THU	O FRI	O SAT	O SUN

FOREMAN	
CONTRACT #	

VISITORS		WEATHER	
		AM	PM
		TEMPERATURE	
		AM	PM
		GROUND CONDITIONS	
		HOURS LOST DUE TO BAD WEATHER	

PROBLEMS / DELAYS		SCHEDULE	
		COMPLETION DATE	
		DAYS AHEAD OF SCHEDULE	
		DAYS BEHIND SCHEDULE	

INJURIES		SAFETY	
INJURIES ON THE JOB	O YES O NO	TOOLBOX TOPIC	O YES O NO
IF YES, WAS OSHA NOTIFIED?	O YES O NO	SIGNAGE POSTED	O YES O NO
TYPES OF INJURY	O FIRST AID O HOSPITAL	EVERYONE WEARING PPE	O YES O NO
DETAILS OF INJURY		CHECKLIST COMPLETE	O YES O NO
		NOTES	

SUMMARY OF WORK PERFORMED TODAY

NAME	SIGNATURE

EMPLOYEE	CRAFT	CONTRACTED HOURS	OVERTIME	SUBCONTRACTORS	CRAFT	HOURS WORKED

EQUIPMENT ON SITE	NUMBER OF UNITS	WORKING	
		YES	NO
		O	O
		O	O
		O	O
		O	O
		O	O
		O	O
		O	O
		O	O

MATERIALS DELIVERED	NO. OF UNITS	MATERIALS RENTED	DATE	RATE

NOTES

DAILY LOG

DATE	/ /	DAY	O MON	O TUE	O WED	O THU	O FRI	O SAT	O SUN

FOREMAN	
CONTRACT #	

VISITORS	WEATHER	
	AM	PM
	TEMPERATURE	
	AM	PM
	GROUND CONDITIONS	
	HOURS LOST DUE TO BAD WEATHER	

PROBLEMS / DELAYS	SCHEDULE	
	COMPLETION DATE	
	DAYS AHEAD OF SCHEDULE	
	DAYS BEHIND SCHEDULE	

INJURIES		SAFETY	
INJURIES ON THE JOB	O YES O NO	TOOLBOX TOPIC	O YES O NO
IF YES, WAS OSHA NOTIFIED?	O YES O NO	SIGNAGE POSTED	O YES O NO
TYPES OF INJURY	O FIRST AID O HOSPITAL	EVERYONE WEARING PPE	O YES O NO
DETAILS OF INJURY		CHECKLIST COMPLETE	O YES O NO
		NOTES	

SUMMARY OF WORK PERFORMED TODAY

NAME	SIGNATURE

EMPLOYEE	CRAFT	CONTRACTED HOURS	OVERTIME	SUBCONTRACTORS	CRAFT	HOURS WORKED

EQUIPMENT ON SITE	NUMBER OF UNITS	WORKING	
		YES	NO
		O	O
		O	O
		O	O
		O	O
		O	O
		O	O
		O	O
		O	O

MATERIALS DELIVERED	NO. OF UNITS	MATERIALS RENTED	DATE	RATE

NOTES

DAILY LOG

DATE	/ /	DAY	O MON	O TUE	O WED	O THU	O FRI	O SAT	O SUN

FOREMAN	
CONTRACT #	

VISITORS / WEATHER

VISITORS	WEATHER	
	AM	PM
	TEMPERATURE	
	AM	PM
	GROUND CONDITIONS	
	HOURS LOST DUE TO BAD WEATHER	

PROBLEMS / DELAYS / SCHEDULE

PROBLEMS / DELAYS	SCHEDULE	
	COMPLETION DATE	
	DAYS AHEAD OF SCHEDULE	
	DAYS BEHIND SCHEDULE	

INJURIES / SAFETY

INJURIES		SAFETY	
INJURIES ON THE JOB	O YES O NO	TOOLBOX TOPIC	O YES O NO
IF YES, WAS OSHA NOTIFIED?	O YES O NO	SIGNAGE POSTED	O YES O NO
TYPES OF INJURY	O FIRST AID O HOSPITAL	EVERYONE WEARING PPE	O YES O NO
DETAILS OF INJURY		CHECKLIST COMPLETE	O YES O NO
		NOTES	

SUMMARY OF WORK PERFORMED TODAY

NAME	SIGNATURE

EMPLOYEE	CRAFT	CONTRACTED HOURS	OVERTIME	SUBCONTRACTORS	CRAFT	HOURS WORKED

EQUIPMENT ON SITE	NUMBER OF UNITS	WORKING	
		YES	NO
		O	O
		O	O
		O	O
		O	O
		O	O
		O	O
		O	O
		O	O

MATERIALS DELIVERED	NO. OF UNITS	MATERIALS RENTED	DATE	RATE

NOTES

DAILY LOG

DATE	/ /		DAY	O MON	O TUE	O WED	O THU	O FRI	O SAT	O SUN

FOREMAN	
CONTRACT #	

VISITORS / WEATHER

VISITORS		WEATHER	
		AM	PM
		TEMPERATURE	
		AM	PM
		GROUND CONDITIONS	
		HOURS LOST DUE TO BAD WEATHER	

PROBLEMS / DELAYS / SCHEDULE

PROBLEMS / DELAYS		SCHEDULE	
		COMPLETION DATE	
		DAYS AHEAD OF SCHEDULE	
		DAYS BEHIND SCHEDULE	

INJURIES / SAFETY

INJURIES		SAFETY	
INJURIES ON THE JOB	O YES O NO	TOOLBOX TOPIC	O YES O NO
IF YES, WAS OSHA NOTIFIED?	O YES O NO	SIGNAGE POSTED	O YES O NO
TYPES OF INJURY	O FIRST AID O HOSPITAL	EVERYONE WEARING PPE	O YES O NO
DETAILS OF INJURY		CHECKLIST COMPLETE	O YES O NO
		NOTES	

SUMMARY OF WORK PERFORMED TODAY

NAME	SIGNATURE

EMPLOYEE	CRAFT	CONTRACTED HOURS	OVERTIME	SUBCONTRACTORS	CRAFT	HOURS WORKED

EQUIPMENT ON SITE	NUMBER OF UNITS	WORKING	
		YES	NO
		O	O
		O	O
		O	O
		O	O
		O	O
		O	O
		O	O
		O	O

MATERIALS DELIVERED	NO. OF UNITS	MATERIALS RENTED	DATE	RATE

NOTES

DAILY LOG

DATE	/ /	DAY	○ MON	○ TUE	○ WED	○ THU	○ FRI	○ SAT	○ SUN

FOREMAN	
CONTRACT #	

VISITORS	WEATHER	
	AM	PM
	TEMPERATURE	
	AM	PM
	GROUND CONDITIONS	
	HOURS LOST DUE TO BAD WEATHER	

PROBLEMS / DELAYS	SCHEDULE	
	COMPLETION DATE	
	DAYS AHEAD OF SCHEDULE	
	DAYS BEHIND SCHEDULE	

INJURIES		SAFETY	
INJURIES ON THE JOB	○ YES ○ NO	TOOLBOX TOPIC	○ YES ○ NO
IF YES, WAS OSHA NOTIFIED?	○ YES ○ NO	SIGNAGE POSTED	○ YES ○ NO
TYPES OF INJURY	○ FIRST AID ○ HOSPITAL	EVERYONE WEARING PPE	○ YES ○ NO
DETAILS OF INJURY		CHECKLIST COMPLETE	○ YES ○ NO
		NOTES	

SUMMARY OF WORK PERFORMED TODAY

NAME	SIGNATURE

EMPLOYEE	CRAFT	CONTRACTED HOURS	OVERTIME	SUBCONTRACTORS	CRAFT	HOURS WORKED

EQUIPMENT ON SITE	NUMBER OF UNITS	WORKING	
		YES	NO
		O	O
		O	O
		O	O
		O	O
		O	O
		O	O
		O	O
		O	O

MATERIALS DELIVERED	NO. OF UNITS	MATERIALS RENTED	DATE	RATE

NOTES

DAILY LOG

| DATE | / / | DAY | O MON | O TUE | O WED | O THU | O FRI | O SAT | O SUN |

FOREMAN	
CONTRACT #	

VISITORS	WEATHER	
	AM	PM
	TEMPERATURE	
	AM	PM
	GROUND CONDITIONS	
	HOURS LOST DUE TO BAD WEATHER	

PROBLEMS / DELAYS	SCHEDULE	
	COMPLETION DATE	
	DAYS AHEAD OF SCHEDULE	
	DAYS BEHIND SCHEDULE	

INJURIES		SAFETY	
INJURIES ON THE JOB	O YES O NO	TOOLBOX TOPIC	O YES O NO
IF YES, WAS OSHA NOTIFIED?	O YES O NO	SIGNAGE POSTED	O YES O NO
TYPES OF INJURY	O FIRST AID O HOSPITAL	EVERYONE WEARING PPE	O YES O NO
DETAILS OF INJURY		CHECKLIST COMPLETE	O YES O NO
		NOTES	

SUMMARY OF WORK PERFORMED TODAY

NAME	SIGNATURE

EMPLOYEE	CRAFT	CONTRACTED HOURS	OVERTIME	SUBCONTRACTORS	CRAFT	HOURS WORKED

EQUIPMENT ON SITE	NUMBER OF UNITS	WORKING	
		YES	NO
		○	○
		○	○
		○	○
		○	○
		○	○
		○	○
		○	○
		○	○

MATERIALS DELIVERED	NO. OF UNITS	MATERIALS RENTED	DATE	RATE

NOTES

DAILY LOG

DATE	/ /	DAY	O MON	O TUE	O WED	O THU	O FRI	O SAT	O SUN

FOREMAN	
CONTRACT #	

VISITORS | WEATHER

VISITORS	WEATHER	
	AM	PM
	TEMPERATURE	
	AM	PM
	GROUND CONDITIONS	
	HOURS LOST DUE TO BAD WEATHER	

PROBLEMS / DELAYS | SCHEDULE

PROBLEMS / DELAYS	SCHEDULE	
	COMPLETION DATE	
	DAYS AHEAD OF SCHEDULE	
	DAYS BEHIND SCHEDULE	

INJURIES | SAFETY

INJURIES		SAFETY	
INJURIES ON THE JOB	O YES O NO	TOOLBOX TOPIC	O YES O NO
IF YES, WAS OSHA NOTIFIED?	O YES O NO	SIGNAGE POSTED	O YES O NO
TYPES OF INJURY	O FIRST AID O HOSPITAL	EVERYONE WEARING PPE	O YES O NO
DETAILS OF INJURY		CHECKLIST COMPLETE	O YES O NO
		NOTES	

SUMMARY OF WORK PERFORMED TODAY

NAME	SIGNATURE

EMPLOYEE	CRAFT	CONTRACTED HOURS	OVERTIME	SUBCONTRACTORS	CRAFT	HOURS WORKED

EQUIPMENT ON SITE	NUMBER OF UNITS	WORKING	
		YES	NO
		O	O
		O	O
		O	O
		O	O
		O	O
		O	O
		O	O
		O	O

MATERIALS DELIVERED	NO. OF UNITS	MATERIALS RENTED	DATE	RATE

NOTES

DAILY LOG

| DATE | / / | DAY | O MON | O TUE | O WED | O THU | O FRI | O SAT | O SUN |

FOREMAN	
CONTRACT #	

VISITORS / WEATHER

VISITORS	WEATHER	
	AM	PM
	TEMPERATURE	
	AM	PM
	GROUND CONDITIONS	
	HOURS LOST DUE TO BAD WEATHER	

PROBLEMS / DELAYS / SCHEDULE

PROBLEMS / DELAYS	SCHEDULE	
	COMPLETION DATE	
	DAYS AHEAD OF SCHEDULE	
	DAYS BEHIND SCHEDULE	

INJURIES / SAFETY

INJURIES		SAFETY	
INJURIES ON THE JOB	O YES O NO	TOOLBOX TOPIC	O YES O NO
IF YES, WAS OSHA NOTIFIED?	O YES O NO	SIGNAGE POSTED	O YES O NO
TYPES OF INJURY	O FIRST AID O HOSPITAL	EVERYONE WEARING PPE	O YES O NO
DETAILS OF INJURY		CHECKLIST COMPLETE	O YES O NO
		NOTES	

SUMMARY OF WORK PERFORMED TODAY

NAME	SIGNATURE

EMPLOYEE	CRAFT	CONTRACTED HOURS	OVERTIME	SUBCONTRACTORS	CRAFT	HOURS WORKED

EQUIPMENT ON SITE	NUMBER OF UNITS	WORKING	
		YES	NO
		O	O
		O	O
		O	O
		O	O
		O	O
		O	O
		O	O
		O	O

MATERIALS DELIVERED	NO. OF UNITS	MATERIALS RENTED	DATE	RATE

NOTES

DAILY LOG

| DATE | / / | DAY | O MON | O TUE | O WED | O THU | O FRI | O SAT | O SUN |

FOREMAN	
CONTRACT #	

VISITORS | WEATHER

VISITORS	WEATHER	
	AM	PM
	TEMPERATURE	
	AM	PM
	GROUND CONDITIONS	
	HOURS LOST DUE TO BAD WEATHER	

PROBLEMS / DELAYS | SCHEDULE

PROBLEMS / DELAYS	SCHEDULE	
	COMPLETION DATE	
	DAYS AHEAD OF SCHEDULE	
	DAYS BEHIND SCHEDULE	

INJURIES | SAFETY

INJURIES		SAFETY	
INJURIES ON THE JOB	O YES O NO	TOOLBOX TOPIC	O YES O NO
IF YES, WAS OSHA NOTIFIED?	O YES O NO	SIGNAGE POSTED	O YES O NO
TYPES OF INJURY	O FIRST AID O HOSPITAL	EVERYONE WEARING PPE	O YES O NO
DETAILS OF INJURY		CHECKLIST COMPLETE	O YES O NO
		NOTES	

SUMMARY OF WORK PERFORMED TODAY

NAME	SIGNATURE

EMPLOYEE	CRAFT	CONTRACTED HOURS	OVERTIME	SUBCONTRACTORS	CRAFT	HOURS WORKED

EQUIPMENT ON SITE	NUMBER OF UNITS	WORKING	
		YES	NO
		O	O
		O	O
		O	O
		O	O
		O	O
		O	O
		O	O
		O	O

MATERIALS DELIVERED	NO. OF UNITS	MATERIALS RENTED	DATE	RATE

NOTES

DAILY LOG

DATE	/ /	DAY	O MON	O TUE	O WED	O THU	O FRI	O SAT	O SUN

FOREMAN	
CONTRACT #	

VISITORS

WEATHER

	AM	PM
TEMPERATURE		
	AM	PM
GROUND CONDITIONS		
HOURS LOST DUE TO BAD WEATHER		

PROBLEMS / DELAYS

SCHEDULE

COMPLETION DATE	
DAYS AHEAD OF SCHEDULE	
DAYS BEHIND SCHEDULE	

INJURIES

SAFETY

INJURIES ON THE JOB	O YES O NO	TOOLBOX TOPIC	O YES O NO
IF YES, WAS OSHA NOTIFIED?	O YES O NO	SIGNAGE POSTED	O YES O NO
TYPES OF INJURY	O FIRST AID O HOSPITAL	EVERYONE WEARING PPE	O YES O NO
DETAILS OF INJURY		CHECKLIST COMPLETE	O YES O NO

NOTES

SUMMARY OF WORK PERFORMED TODAY

NAME	SIGNATURE

EMPLOYEE	CRAFT	CONTRACTED HOURS	OVERTIME	SUBCONTRACTORS	CRAFT	HOURS WORKED

EQUIPMENT ON SITE	NUMBER OF UNITS	WORKING	
		YES	NO
		O	O
		O	O
		O	O
		O	O
		O	O
		O	O
		O	O
		O	O

MATERIALS DELIVERED	NO. OF UNITS	MATERIALS RENTED	DATE	RATE

NOTES

DAILY LOG

DATE	/ /	DAY	O MON	O TUE	O WED	O THU	O FRI	O SAT	O SUN

FOREMAN	
CONTRACT #	

VISITORS

WEATHER

AM	PM

TEMPERATURE

AM	PM

GROUND CONDITIONS

HOURS LOST DUE TO BAD WEATHER

PROBLEMS / DELAYS

SCHEDULE

COMPLETION DATE	
DAYS AHEAD OF SCHEDULE	
DAYS BEHIND SCHEDULE	

INJURIES

SAFETY

INJURIES ON THE JOB	O YES O NO	TOOLBOX TOPIC	O YES O NO
IF YES, WAS OSHA NOTIFIED?	O YES O NO	SIGNAGE POSTED	O YES O NO
TYPES OF INJURY	O FIRST AID O HOSPITAL	EVERYONE WEARING PPE	O YES O NO
DETAILS OF INJURY		CHECKLIST COMPLETE	O YES O NO

NOTES

SUMMARY OF WORK PERFORMED TODAY

NAME	SIGNATURE

EMPLOYEE	CRAFT	CONTRACTED HOURS	OVERTIME	SUBCONTRACTORS	CRAFT	HOURS WORKED

EQUIPMENT ON SITE	NUMBER OF UNITS	WORKING	
		YES	NO
		○	○
		○	○
		○	○
		○	○
		○	○
		○	○
		○	○
		○	○

MATERIALS DELIVERED	NO. OF UNITS	MATERIALS RENTED	DATE	RATE

NOTES

DAILY LOG

| DATE | / / | DAY | O MON | O TUE | O WED | O THU | O FRI | O SAT | O SUN |

FOREMAN	
CONTRACT #	

VISITORS

WEATHER

AM	PM

TEMPERATURE

AM	PM

GROUND CONDITIONS

HOURS LOST DUE TO BAD WEATHER

PROBLEMS / DELAYS

SCHEDULE

COMPLETION DATE	
DAYS AHEAD OF SCHEDULE	
DAYS BEHIND SCHEDULE	

INJURIES

SAFETY

INJURIES ON THE JOB	O YES O NO	TOOLBOX TOPIC	O YES O NO
IF YES, WAS OSHA NOTIFIED?	O YES O NO	SIGNAGE POSTED	O YES O NO
TYPES OF INJURY	O FIRST AID O HOSPITAL	EVERYONE WEARING PPE	O YES O NO
DETAILS OF INJURY		CHECKLIST COMPLETE	O YES O NO

NOTES

SUMMARY OF WORK PERFORMED TODAY

NAME	SIGNATURE

EMPLOYEE	CRAFT	CONTRACTED HOURS	OVERTIME	SUBCONTRACTORS	CRAFT	HOURS WORKED

EQUIPMENT ON SITE	NUMBER OF UNITS	WORKING	
		YES	NO
		O	O
		O	O
		O	O
		O	O
		O	O
		O	O
		O	O
		O	O

MATERIALS DELIVERED	NO. OF UNITS	MATERIALS RENTED	DATE	RATE

NOTES

DAILY LOG

| DATE | / / | DAY | O MON | O TUE | O WED | O THU | O FRI | O SAT | O SUN |

FOREMAN	
CONTRACT #	

VISITORS

WEATHER

AM	PM

TEMPERATURE

AM	PM

GROUND CONDITIONS

HOURS LOST DUE TO BAD WEATHER

PROBLEMS / DELAYS

SCHEDULE

COMPLETION DATE	
DAYS AHEAD OF SCHEDULE	
DAYS BEHIND SCHEDULE	

INJURIES

SAFETY

INJURIES ON THE JOB	O YES O NO	TOOLBOX TOPIC	O YES O NO
IF YES, WAS OSHA NOTIFIED?	O YES O NO	SIGNAGE POSTED	O YES O NO
TYPES OF INJURY	O FIRST AID O HOSPITAL	EVERYONE WEARING PPE	O YES O NO
DETAILS OF INJURY		CHECKLIST COMPLETE	O YES O NO

NOTES

SUMMARY OF WORK PERFORMED TODAY

NAME	SIGNATURE

EMPLOYEE	CRAFT	CONTRACTED HOURS	OVERTIME	SUBCONTRACTORS	CRAFT	HOURS WORKED

EQUIPMENT ON SITE	NUMBER OF UNITS	WORKING	
		YES	NO
		O	O
		O	O
		O	O
		O	O
		O	O
		O	O
		O	O
		O	O

MATERIALS DELIVERED	NO. OF UNITS	MATERIALS RENTED	DATE	RATE

NOTES

DAILY LOG

DATE	/ /	DAY	○ MON	○ TUE	○ WED	○ THU	○ FRI	○ SAT	○ SUN

FOREMAN	
CONTRACT #	

VISITORS

WEATHER

	AM		PM	
	TEMPERATURE			
	AM		PM	
	GROUND CONDITIONS			
	HOURS LOST DUE TO BAD WEATHER			

PROBLEMS / DELAYS

SCHEDULE

COMPLETION DATE	
DAYS AHEAD OF SCHEDULE	
DAYS BEHIND SCHEDULE	

INJURIES

SAFETY

INJURIES ON THE JOB	○ YES ○ NO	TOOLBOX TOPIC	○ YES ○ NO
IF YES, WAS OSHA NOTIFIED?	○ YES ○ NO	SIGNAGE POSTED	○ YES ○ NO
TYPES OF INJURY	○ FIRST AID ○ HOSPITAL	EVERYONE WEARING PPE	○ YES ○ NO
DETAILS OF INJURY		CHECKLIST COMPLETE	○ YES ○ NO

NOTES

SUMMARY OF WORK PERFORMED TODAY

NAME	SIGNATURE

EMPLOYEE	CRAFT	CONTRACTED HOURS	OVERTIME	SUBCONTRACTORS	CRAFT	HOURS WORKED

EQUIPMENT ON SITE	NUMBER OF UNITS	WORKING	
		YES	NO
		O	O
		O	O
		O	O
		O	O
		O	O
		O	O
		O	O
		O	O

MATERIALS DELIVERED	NO. OF UNITS	MATERIALS RENTED	DATE	RATE

NOTES

DAILY LOG

| DATE | / / | DAY | O MON | O TUE | O WED | O THU | O FRI | O SAT | O SUN |

FOREMAN	
CONTRACT #	

VISITORS

WEATHER

	AM		PM
	TEMPERATURE		
	AM		PM
	GROUND CONDITIONS		
	HOURS LOST DUE TO BAD WEATHER		

PROBLEMS / DELAYS

SCHEDULE

COMPLETION DATE	
DAYS AHEAD OF SCHEDULE	
DAYS BEHIND SCHEDULE	

INJURIES

SAFETY

INJURIES ON THE JOB	O YES O NO	TOOLBOX TOPIC	O YES O NO
IF YES, WAS OSHA NOTIFIED?	O YES O NO	SIGNAGE POSTED	O YES O NO
TYPES OF INJURY	O FIRST AID O HOSPITAL	EVERYONE WEARING PPE	O YES O NO
DETAILS OF INJURY		CHECKLIST COMPLETE	O YES O NO

NOTES

SUMMARY OF WORK PERFORMED TODAY

NAME	SIGNATURE

EMPLOYEE	CRAFT	CONTRACTED HOURS	OVERTIME	SUBCONTRACTORS	CRAFT	HOURS WORKED

EQUIPMENT ON SITE	NUMBER OF UNITS	WORKING	
		YES	NO
		O	O
		O	O
		O	O
		O	O
		O	O
		O	O
		O	O
		O	O

MATERIALS DELIVERED	NO. OF UNITS	MATERIALS RENTED	DATE	RATE

NOTES

DAILY LOG

| DATE | / / | DAY | O MON | O TUE | O WED | O THU | O FRI | O SAT | O SUN |

FOREMAN	
CONTRACT #	

VISITORS

WEATHER

	AM		PM	
	TEMPERATURE			
	AM		PM	
	GROUND CONDITIONS			
	HOURS LOST DUE TO BAD WEATHER			

PROBLEMS / DELAYS

SCHEDULE

COMPLETION DATE	
DAYS AHEAD OF SCHEDULE	
DAYS BEHIND SCHEDULE	

INJURIES

SAFETY

INJURIES ON THE JOB	O YES O NO	TOOLBOX TOPIC	O YES O NO
IF YES, WAS OSHA NOTIFIED?	O YES O NO	SIGNAGE POSTED	O YES O NO
TYPES OF INJURY	O FIRST AID O HOSPITAL	EVERYONE WEARING PPE	O YES O NO
DETAILS OF INJURY		CHECKLIST COMPLETE	O YES O NO

NOTES

SUMMARY OF WORK PERFORMED TODAY

NAME	SIGNATURE

EMPLOYEE	CRAFT	CONTRACTED HOURS	OVERTIME	SUBCONTRACTORS	CRAFT	HOURS WORKED

EQUIPMENT ON SITE	NUMBER OF UNITS	WORKING	
		YES	NO
		O	O
		O	O
		O	O
		O	O
		O	O
		O	O
		O	O
		O	O

MATERIALS DELIVERED	NO. OF UNITS	MATERIALS RENTED	DATE	RATE

NOTES

DAILY LOG

DATE	/ /	DAY	O MON	O TUE	O WED	O THU	O FRI	O SAT	O SUN

FOREMAN	
CONTRACT #	

VISITORS

WEATHER

	AM	PM

TEMPERATURE

	AM	PM

GROUND CONDITIONS

HOURS LOST DUE TO BAD WEATHER

PROBLEMS / DELAYS

SCHEDULE

COMPLETION DATE	
DAYS AHEAD OF SCHEDULE	
DAYS BEHIND SCHEDULE	

INJURIES

INJURIES ON THE JOB	O YES O NO
IF YES, WAS OSHA NOTIFIED?	O YES O NO
TYPES OF INJURY	O FIRST AID O HOSPITAL
DETAILS OF INJURY	

SAFETY

TOOLBOX TOPIC	O YES O NO
SIGNAGE POSTED	O YES O NO
EVERYONE WEARING PPE	O YES O NO
CHECKLIST COMPLETE	O YES O NO

NOTES

SUMMARY OF WORK PERFORMED TODAY

NAME	SIGNATURE

EMPLOYEE	CRAFT	CONTRACTED HOURS	OVERTIME	SUBCONTRACTORS	CRAFT	HOURS WORKED

EQUIPMENT ON SITE	NUMBER OF UNITS	WORKING	
		YES	NO
		O	O
		O	O
		O	O
		O	O
		O	O
		O	O
		O	O
		O	O

MATERIALS DELIVERED	NO. OF UNITS	MATERIALS RENTED	DATE	RATE

NOTES

DAILY LOG

DATE	/ /	DAY	O MON	O TUE	O WED	O THU	O FRI	O SAT	O SUN

FOREMAN	
CONTRACT #	

VISITORS	WEATHER	
	AM	PM
	TEMPERATURE	
	AM	PM
	GROUND CONDITIONS	
	HOURS LOST DUE TO BAD WEATHER	

PROBLEMS / DELAYS	SCHEDULE	
	COMPLETION DATE	
	DAYS AHEAD OF SCHEDULE	
	DAYS BEHIND SCHEDULE	

INJURIES		SAFETY	
INJURIES ON THE JOB	O YES O NO	TOOLBOX TOPIC	O YES O NO
IF YES, WAS OSHA NOTIFIED?	O YES O NO	SIGNAGE POSTED	O YES O NO
TYPES OF INJURY	O FIRST AID O HOSPITAL	EVERYONE WEARING PPE	O YES O NO
DETAILS OF INJURY		CHECKLIST COMPLETE	O YES O NO
		NOTES	

SUMMARY OF WORK PERFORMED TODAY

NAME	SIGNATURE

EMPLOYEE	CRAFT	CONTRACTED HOURS	OVERTIME	SUBCONTRACTORS	CRAFT	HOURS WORKED

EQUIPMENT ON SITE	NUMBER OF UNITS	WORKING	
		YES	NO
		O	O
		O	O
		O	O
		O	O
		O	O
		O	O
		O	O
		O	O

MATERIALS DELIVERED	NO. OF UNITS	MATERIALS RENTED	DATE	RATE

NOTES

DAILY LOG

DATE	/ /	DAY	O MON	O TUE	O WED	O THU	O FRI	O SAT	O SUN

FOREMAN	
CONTRACT #	

VISITORS	WEATHER	
	AM	PM
	TEMPERATURE	
	AM	PM
	GROUND CONDITIONS	
	HOURS LOST DUE TO BAD WEATHER	

PROBLEMS / DELAYS	SCHEDULE	
	COMPLETION DATE	
	DAYS AHEAD OF SCHEDULE	
	DAYS BEHIND SCHEDULE	

INJURIES		SAFETY	
INJURIES ON THE JOB	O YES O NO	TOOLBOX TOPIC	O YES O NO
IF YES, WAS OSHA NOTIFIED?	O YES O NO	SIGNAGE POSTED	O YES O NO
TYPES OF INJURY	O FIRST AID O HOSPITAL	EVERYONE WEARING PPE	O YES O NO
DETAILS OF INJURY		CHECKLIST COMPLETE	O YES O NO
		NOTES	

SUMMARY OF WORK PERFORMED TODAY

NAME	SIGNATURE

EMPLOYEE	CRAFT	CONTRACTED HOURS	OVERTIME	SUBCONTRACTORS	CRAFT	HOURS WORKED

EQUIPMENT ON SITE	NUMBER OF UNITS	WORKING	
		YES	NO
		O	O
		O	O
		O	O
		O	O
		O	O
		O	O
		O	O
		O	O

MATERIALS DELIVERED	NO. OF UNITS	MATERIALS RENTED	DATE	RATE

NOTES

DAILY LOG

| DATE | / / | DAY | O MON | O TUE | O WED | O THU | O FRI | O SAT | O SUN |

FOREMAN	
CONTRACT #	

VISITORS

WEATHER

	AM	PM

TEMPERATURE

AM	PM

GROUND CONDITIONS

HOURS LOST DUE TO BAD WEATHER

PROBLEMS / DELAYS

SCHEDULE

COMPLETION DATE	
DAYS AHEAD OF SCHEDULE	
DAYS BEHIND SCHEDULE	

INJURIES

INJURIES ON THE JOB	O YES O NO
IF YES, WAS OSHA NOTIFIED?	O YES O NO
TYPES OF INJURY	O FIRST AID O HOSPITAL
DETAILS OF INJURY	

SAFETY

TOOLBOX TOPIC	O YES O NO
SIGNAGE POSTED	O YES O NO
EVERYONE WEARING PPE	O YES O NO
CHECKLIST COMPLETE	O YES O NO

NOTES

SUMMARY OF WORK PERFORMED TODAY

NAME	SIGNATURE

EMPLOYEE	CRAFT	CONTRACTED HOURS	OVERTIME	SUBCONTRACTORS	CRAFT	HOURS WORKED

EQUIPMENT ON SITE	NUMBER OF UNITS	WORKING	
		YES	NO
		O	O
		O	O
		O	O
		O	O
		O	O
		O	O
		O	O
		O	O

MATERIALS DELIVERED	NO. OF UNITS	MATERIALS RENTED	DATE	RATE

NOTES

DAILY LOG

| DATE | / / | DAY | O MON | O TUE | O WED | O THU | O FRI | O SAT | O SUN |

FOREMAN	
CONTRACT #	

VISITORS

WEATHER

AM	PM

TEMPERATURE

AM	PM

GROUND CONDITIONS

HOURS LOST DUE TO BAD WEATHER

PROBLEMS / DELAYS

SCHEDULE

COMPLETION DATE	
DAYS AHEAD OF SCHEDULE	
DAYS BEHIND SCHEDULE	

INJURIES

INJURIES ON THE JOB	O YES O NO
IF YES, WAS OSHA NOTIFIED?	O YES O NO
TYPES OF INJURY	O FIRST AID O HOSPITAL
DETAILS OF INJURY	

SAFETY

TOOLBOX TOPIC	O YES O NO
SIGNAGE POSTED	O YES O NO
EVERYONE WEARING PPE	O YES O NO
CHECKLIST COMPLETE	O YES O NO

NOTES

SUMMARY OF WORK PERFORMED TODAY

NAME	SIGNATURE

EMPLOYEE	CRAFT	CONTRACTED HOURS	OVERTIME	SUBCONTRACTORS	CRAFT	HOURS WORKED

EQUIPMENT ON SITE	NUMBER OF UNITS	WORKING	
		YES	NO
		O	O
		O	O
		O	O
		O	O
		O	O
		O	O
		O	O
		O	O

MATERIALS DELIVERED	NO. OF UNITS	MATERIALS RENTED	DATE	RATE

NOTES

DAILY LOG

DATE	/ /	DAY	O MON	O TUE	O WED	O THU	O FRI	O SAT	O SUN

FOREMAN	
CONTRACT #	

VISITORS / WEATHER

VISITORS	WEATHER	
	AM	PM
	TEMPERATURE	
	AM	PM
	GROUND CONDITIONS	
	HOURS LOST DUE TO BAD WEATHER	

PROBLEMS / DELAYS — SCHEDULE

PROBLEMS / DELAYS	SCHEDULE	
	COMPLETION DATE	
	DAYS AHEAD OF SCHEDULE	
	DAYS BEHIND SCHEDULE	

INJURIES / SAFETY

INJURIES		SAFETY	
INJURIES ON THE JOB	O YES O NO	TOOLBOX TOPIC	O YES O NO
IF YES, WAS OSHA NOTIFIED?	O YES O NO	SIGNAGE POSTED	O YES O NO
TYPES OF INJURY	O FIRST AID O HOSPITAL	EVERYONE WEARING PPE	O YES O NO
DETAILS OF INJURY		CHECKLIST COMPLETE	O YES O NO
		NOTES	

SUMMARY OF WORK PERFORMED TODAY

NAME	SIGNATURE

EMPLOYEE	CRAFT	CONTRACTED HOURS	OVERTIME	SUBCONTRACTORS	CRAFT	HOURS WORKED

EQUIPMENT ON SITE	NUMBER OF UNITS	WORKING	
		YES	NO
		O	O
		O	O
		O	O
		O	O
		O	O
		O	O
		O	O
		O	O

MATERIALS DELIVERED	NO. OF UNITS	MATERIALS RENTED	DATE	RATE

NOTES

DAILY LOG

DATE	/ /	DAY	O MON	O TUE	O WED	O THU	O FRI	O SAT	O SUN

FOREMAN	
CONTRACT #	

VISITORS	WEATHER	
	AM	PM
	TEMPERATURE	
	AM	PM
	GROUND CONDITIONS	
	HOURS LOST DUE TO BAD WEATHER	

PROBLEMS / DELAYS	SCHEDULE	
	COMPLETION DATE	
	DAYS AHEAD OF SCHEDULE	
	DAYS BEHIND SCHEDULE	

INJURIES		SAFETY	
INJURIES ON THE JOB	O YES O NO	TOOLBOX TOPIC	O YES O NO
IF YES, WAS OSHA NOTIFIED?	O YES O NO	SIGNAGE POSTED	O YES O NO
TYPES OF INJURY	O FIRST AID O HOSPITAL	EVERYONE WEARING PPE	O YES O NO
DETAILS OF INJURY		CHECKLIST COMPLETE	O YES O NO
		NOTES	

SUMMARY OF WORK PERFORMED TODAY

NAME	SIGNATURE

EMPLOYEE	CRAFT	CONTRACTED HOURS	OVERTIME	SUBCONTRACTORS	CRAFT	HOURS WORKED

EQUIPMENT ON SITE	NUMBER OF UNITS	WORKING	
		YES	NO
		O	O
		O	O
		O	O
		O	O
		O	O
		O	O
		O	O
		O	O

MATERIALS DELIVERED	NO. OF UNITS	MATERIALS RENTED	DATE	RATE

NOTES

DAILY LOG

| DATE | / / | DAY | O MON | O TUE | O WED | O THU | O FRI | O SAT | O SUN |

FOREMAN	
CONTRACT #	

VISITORS

WEATHER

AM	PM
TEMPERATURE	
AM	PM
GROUND CONDITIONS	
HOURS LOST DUE TO BAD WEATHER	

PROBLEMS / DELAYS

SCHEDULE

COMPLETION DATE	
DAYS AHEAD OF SCHEDULE	
DAYS BEHIND SCHEDULE	

INJURIES

INJURIES ON THE JOB	O YES O NO
IF YES, WAS OSHA NOTIFIED?	O YES O NO
TYPES OF INJURY	O FIRST AID O HOSPITAL
DETAILS OF INJURY	

SAFETY

TOOLBOX TOPIC	O YES O NO
SIGNAGE POSTED	O YES O NO
EVERYONE WEARING PPE	O YES O NO
CHECKLIST COMPLETE	O YES O NO

NOTES

SUMMARY OF WORK PERFORMED TODAY

NAME	SIGNATURE

EMPLOYEE	CRAFT	CONTRACTED HOURS	OVERTIME	SUBCONTRACTORS	CRAFT	HOURS WORKED

EQUIPMENT ON SITE	NUMBER OF UNITS	WORKING	
		YES	NO
		O	O
		O	O
		O	O
		O	O
		O	O
		O	O
		O	O
		O	O

MATERIALS DELIVERED	NO. OF UNITS	MATERIALS RENTED	DATE	RATE

NOTES

DAILY LOG

| DATE | / / | DAY | O MON | O TUE | O WED | O THU | O FRI | O SAT | O SUN |

FOREMAN	
CONTRACT #	

VISITORS

WEATHER

AM	PM
TEMPERATURE	
AM	PM
GROUND CONDITIONS	
HOURS LOST DUE TO BAD WEATHER	

PROBLEMS / DELAYS

SCHEDULE

COMPLETION DATE	
DAYS AHEAD OF SCHEDULE	
DAYS BEHIND SCHEDULE	

INJURIES

INJURIES ON THE JOB	O YES O NO
IF YES, WAS OSHA NOTIFIED?	O YES O NO
TYPES OF INJURY	O FIRST AID O HOSPITAL
DETAILS OF INJURY	

SAFETY

TOOLBOX TOPIC	O YES O NO
SIGNAGE POSTED	O YES O NO
EVERYONE WEARING PPE	O YES O NO
CHECKLIST COMPLETE	O YES O NO

NOTES

SUMMARY OF WORK PERFORMED TODAY

NAME	SIGNATURE

EMPLOYEE	CRAFT	CONTRACTED HOURS	OVERTIME	SUBCONTRACTORS	CRAFT	HOURS WORKED

EQUIPMENT ON SITE	NUMBER OF UNITS	WORKING	
		YES	NO
		○	○
		○	○
		○	○
		○	○
		○	○
		○	○
		○	○
		○	○

MATERIALS DELIVERED	NO. OF UNITS	MATERIALS RENTED	DATE	RATE

NOTES

DAILY LOG

DATE	/ /	DAY	O MON	O TUE	O WED	O THU	O FRI	O SAT	O SUN

FOREMAN	
CONTRACT #	

VISITORS	WEATHER	
	AM	PM
	TEMPERATURE	
	AM	PM
	GROUND CONDITIONS	
	HOURS LOST DUE TO BAD WEATHER	

PROBLEMS / DELAYS	SCHEDULE	
	COMPLETION DATE	
	DAYS AHEAD OF SCHEDULE	
	DAYS BEHIND SCHEDULE	

INJURIES		SAFETY	
INJURIES ON THE JOB	O YES O NO	TOOLBOX TOPIC	O YES O NO
IF YES, WAS OSHA NOTIFIED?	O YES O NO	SIGNAGE POSTED	O YES O NO
TYPES OF INJURY	O FIRST AID O HOSPITAL	EVERYONE WEARING PPE	O YES O NO
DETAILS OF INJURY		CHECKLIST COMPLETE	O YES O NO
		NOTES	

SUMMARY OF WORK PERFORMED TODAY

NAME	SIGNATURE

EMPLOYEE	CRAFT	CONTRACTED HOURS	OVERTIME	SUBCONTRACTORS	CRAFT	HOURS WORKED

EQUIPMENT ON SITE	NUMBER OF UNITS	WORKING	
		YES	NO
		O	O
		O	O
		O	O
		O	O
		O	O
		O	O
		O	O
		O	O

MATERIALS DELIVERED	NO. OF UNITS	MATERIALS RENTED	DATE	RATE

NOTES

DAILY LOG

DATE	/ /		DAY	O MON	O TUE	O WED	O THU	O FRI	O SAT	O SUN

FOREMAN	
CONTRACT #	

VISITORS

WEATHER

	AM		PM
TEMPERATURE			
	AM		PM
GROUND CONDITIONS			
HOURS LOST DUE TO BAD WEATHER			

PROBLEMS / DELAYS

SCHEDULE

COMPLETION DATE	
DAYS AHEAD OF SCHEDULE	
DAYS BEHIND SCHEDULE	

INJURIES

SAFETY

INJURIES ON THE JOB	O YES O NO	TOOLBOX TOPIC	O YES O NO
IF YES, WAS OSHA NOTIFIED?	O YES O NO	SIGNAGE POSTED	O YES O NO
TYPES OF INJURY	O FIRST AID O HOSPITAL	EVERYONE WEARING PPE	O YES O NO
DETAILS OF INJURY		CHECKLIST COMPLETE	O YES O NO

NOTES

SUMMARY OF WORK PERFORMED TODAY

NAME	SIGNATURE

EMPLOYEE	CRAFT	CONTRACTED HOURS	OVERTIME	SUBCONTRACTORS	CRAFT	HOURS WORKED

EQUIPMENT ON SITE	NUMBER OF UNITS	WORKING	
		YES	NO
		O	O
		O	O
		O	O
		O	O
		O	O
		O	O
		O	O
		O	O

MATERIALS DELIVERED	NO. OF UNITS	MATERIALS RENTED	DATE	RATE

NOTES

DAILY LOG

DATE	/ /	DAY	O MON	O TUE	O WED	O THU	O FRI	O SAT	O SUN

FOREMAN	
CONTRACT #	

VISITORS		WEATHER	
		AM	PM
		TEMPERATURE	
		AM	PM
		GROUND CONDITIONS	
		HOURS LOST DUE TO BAD WEATHER	

PROBLEMS / DELAYS		SCHEDULE	
		COMPLETION DATE	
		DAYS AHEAD OF SCHEDULE	
		DAYS BEHIND SCHEDULE	

INJURIES		SAFETY	
INJURIES ON THE JOB	O YES O NO	TOOLBOX TOPIC	O YES O NO
IF YES, WAS OSHA NOTIFIED?	O YES O NO	SIGNAGE POSTED	O YES O NO
TYPES OF INJURY	O FIRST AID O HOSPITAL	EVERYONE WEARING PPE	O YES O NO
DETAILS OF INJURY		CHECKLIST COMPLETE	O YES O NO
		NOTES	

SUMMARY OF WORK PERFORMED TODAY

NAME	SIGNATURE

EMPLOYEE	CRAFT	CONTRACTED HOURS	OVERTIME	SUBCONTRACTORS	CRAFT	HOURS WORKED

EQUIPMENT ON SITE	NUMBER OF UNITS	WORKING	
		YES	NO
		O	O
		O	O
		O	O
		O	O
		O	O
		O	O
		O	O
		O	O

MATERIALS DELIVERED	NO. OF UNITS	MATERIALS RENTED	DATE	RATE

NOTES

DAILY LOG

DATE	/ /		DAY	O MON	O TUE	O WED	O THU	O FRI	O SAT	O SUN

FOREMAN	
CONTRACT #	

VISITORS / WEATHER

VISITORS	WEATHER	
	AM	PM
	TEMPERATURE	
	AM	PM
	GROUND CONDITIONS	
	HOURS LOST DUE TO BAD WEATHER	

PROBLEMS / DELAYS — SCHEDULE

PROBLEMS / DELAYS	SCHEDULE	
	COMPLETION DATE	
	DAYS AHEAD OF SCHEDULE	
	DAYS BEHIND SCHEDULE	

INJURIES / SAFETY

INJURIES		SAFETY	
INJURIES ON THE JOB	O YES O NO	TOOLBOX TOPIC	O YES O NO
IF YES, WAS OSHA NOTIFIED?	O YES O NO	SIGNAGE POSTED	O YES O NO
TYPES OF INJURY	O FIRST AID O HOSPITAL	EVERYONE WEARING PPE	O YES O NO
DETAILS OF INJURY		CHECKLIST COMPLETE	O YES O NO
		NOTES	

SUMMARY OF WORK PERFORMED TODAY

NAME	SIGNATURE

EMPLOYEE	CRAFT	CONTRACTED HOURS	OVERTIME	SUBCONTRACTORS	CRAFT	HOURS WORKED

EQUIPMENT ON SITE	NUMBER OF UNITS	WORKING	
		YES	NO
		O	O
		O	O
		O	O
		O	O
		O	O
		O	O
		O	O
		O	O

MATERIALS DELIVERED	NO. OF UNITS	MATERIALS RENTED	DATE	RATE

NOTES

DAILY LOG

DATE	/ /	DAY	O MON	O TUE	O WED	O THU	O FRI	O SAT	O SUN

FOREMAN	
CONTRACT #	

VISITORS

WEATHER

	AM	PM
TEMPERATURE		
	AM	PM
GROUND CONDITIONS		
HOURS LOST DUE TO BAD WEATHER		

PROBLEMS / DELAYS

SCHEDULE

COMPLETION DATE	
DAYS AHEAD OF SCHEDULE	
DAYS BEHIND SCHEDULE	

INJURIES

SAFETY

INJURIES ON THE JOB	O YES O NO	TOOLBOX TOPIC	O YES O NO
IF YES, WAS OSHA NOTIFIED?	O YES O NO	SIGNAGE POSTED	O YES O NO
TYPES OF INJURY	O FIRST AID O HOSPITAL	EVERYONE WEARING PPE	O YES O NO
DETAILS OF INJURY		CHECKLIST COMPLETE	O YES O NO

NOTES

SUMMARY OF WORK PERFORMED TODAY

NAME	SIGNATURE

EMPLOYEE	CRAFT	CONTRACTED HOURS	OVERTIME	SUBCONTRACTORS	CRAFT	HOURS WORKED

EQUIPMENT ON SITE	NUMBER OF UNITS	WORKING	
		YES	NO
		O	O
		O	O
		O	O
		O	O
		O	O
		O	O
		O	O
		O	O

MATERIALS DELIVERED	NO. OF UNITS	MATERIALS RENTED	DATE	RATE

NOTES

DAILY LOG

DATE	/ /	DAY	O MON	O TUE	O WED	O THU	O FRI	O SAT	O SUN

FOREMAN	
CONTRACT #	

VISITORS

WEATHER

AM	PM

TEMPERATURE

AM	PM

GROUND CONDITIONS

HOURS LOST DUE TO BAD WEATHER

PROBLEMS / DELAYS

SCHEDULE

COMPLETION DATE	
DAYS AHEAD OF SCHEDULE	
DAYS BEHIND SCHEDULE	

INJURIES

INJURIES ON THE JOB	O YES O NO
IF YES, WAS OSHA NOTIFIED?	O YES O NO
TYPES OF INJURY	O FIRST AID O HOSPITAL
DETAILS OF INJURY	

SAFETY

TOOLBOX TOPIC	O YES O NO
SIGNAGE POSTED	O YES O NO
EVERYONE WEARING PPE	O YES O NO
CHECKLIST COMPLETE	O YES O NO

NOTES

SUMMARY OF WORK PERFORMED TODAY

NAME	SIGNATURE

EMPLOYEE	CRAFT	CONTRACTED HOURS	OVERTIME	SUBCONTRACTORS	CRAFT	HOURS WORKED

EQUIPMENT ON SITE	NUMBER OF UNITS	WORKING	
		YES	NO
		O	O
		O	O
		O	O
		O	O
		O	O
		O	O
		O	O
		O	O

MATERIALS DELIVERED	NO. OF UNITS	MATERIALS RENTED	DATE	RATE

NOTES

DAILY LOG

DATE	/ /	DAY	O MON	O TUE	O WED	O THU	O FRI	O SAT	O SUN

FOREMAN	
CONTRACT #	

VISITORS

WEATHER

	AM	PM
TEMPERATURE		
	AM	PM
GROUND CONDITIONS		
HOURS LOST DUE TO BAD WEATHER		

PROBLEMS / DELAYS

SCHEDULE

COMPLETION DATE	
DAYS AHEAD OF SCHEDULE	
DAYS BEHIND SCHEDULE	

INJURIES

INJURIES ON THE JOB	O YES O NO
IF YES, WAS OSHA NOTIFIED?	O YES O NO
TYPES OF INJURY	O FIRST AID O HOSPITAL
DETAILS OF INJURY	

SAFETY

TOOLBOX TOPIC	O YES O NO
SIGNAGE POSTED	O YES O NO
EVERYONE WEARING PPE	O YES O NO
CHECKLIST COMPLETE	O YES O NO

NOTES

SUMMARY OF WORK PERFORMED TODAY

NAME	SIGNATURE

EMPLOYEE	CRAFT	CONTRACTED HOURS	OVERTIME	SUBCONTRACTORS	CRAFT	HOURS WORKED

EQUIPMENT ON SITE	NUMBER OF UNITS	WORKING	
		YES	NO
		O	O
		O	O
		O	O
		O	O
		O	O
		O	O
		O	O
		O	O

MATERIALS DELIVERED	NO. OF UNITS	MATERIALS RENTED	DATE	RATE

NOTES

DAILY LOG

DATE	/ /	DAY	O MON	O TUE	O WED	O THU	O FRI	O SAT	O SUN

FOREMAN	
CONTRACT #	

VISITORS / WEATHER

VISITORS	WEATHER	
	AM	PM
	TEMPERATURE	
	AM	PM
	GROUND CONDITIONS	
	HOURS LOST DUE TO BAD WEATHER	

PROBLEMS / DELAYS — SCHEDULE

PROBLEMS / DELAYS	SCHEDULE	
	COMPLETION DATE	
	DAYS AHEAD OF SCHEDULE	
	DAYS BEHIND SCHEDULE	

INJURIES / SAFETY

INJURIES		SAFETY	
INJURIES ON THE JOB	O YES O NO	TOOLBOX TOPIC	O YES O NO
IF YES, WAS OSHA NOTIFIED?	O YES O NO	SIGNAGE POSTED	O YES O NO
TYPES OF INJURY	O FIRST AID O HOSPITAL	EVERYONE WEARING PPE	O YES O NO
DETAILS OF INJURY		CHECKLIST COMPLETE	O YES O NO
		NOTES	

SUMMARY OF WORK PERFORMED TODAY

NAME	SIGNATURE

EMPLOYEE	CRAFT	CONTRACTED HOURS	OVERTIME	SUBCONTRACTORS	CRAFT	HOURS WORKED

EQUIPMENT ON SITE	NUMBER OF UNITS	WORKING	
		YES	NO
		O	O
		O	O
		O	O
		O	O
		O	O
		O	O
		O	O
		O	O

MATERIALS DELIVERED	NO. OF UNITS	MATERIALS RENTED	DATE	RATE

NOTES

www.ingramcontent.com/pod-product-compliance
Lightning Source LLC
Chambersburg PA
CBHW082207090526
44583CB00021BA/2838